R

RÉFLEXIONS

D'UN OBSERVATEUR

SUR

LA QUESTION:

Quelles sont les institutions les plus propres à fonder la morale d'un peuple ?

Sujet du premier prix de la classe des sciences morales et politiques de l'Institut national de France, pour le 15 messidor de l'an VI de la République.

AVANT-PROPOS.

EN lisant les programmes publiés par les sociétés savantes, certains esprits s'étonnent de voir ces tribunaux de la raison humaine demander eux-mêmes à l'homme le flambeau dont ils auroient besoin pour l'éclairer ; comme s'il étoit

A

dans l'ordre qu'un instituteur apprît de ses élèves ce qu'il doit faire pour les former et les instruire.

D'autres, moins prompts et plus mesurés, ne voient dans ces questions que le dessein d'exercer utilement les prosélytes des sciences, comme l'ont pu pratiquer, dans tous les tems, les philosophes et les professeurs de tout genre à l'égard des disciples qui aspiroient à obtenir d'eux des lumières.

Lorsque l'on considère l'importante question qui est proposée aujourd'hui par l'Institut national de France, c'est une impression d'un autre caractère qui se fait sentir. On ne voit plus, dans ceux qui nous interrogent, des maîtres élevés par leur place et par leurs connoissances au-dessus des autres hommes ; on n'y voit que de vrais amis de l'humanité empressés de lui procurer toute la somme de bonheur dont elle est susceptible ; on n'y voit que des juges modestes sollicitant

eux-mêmes les lumières de l'auditoire,
pour leur aider à prononcer sur une cause
qui intéresse si essentiellement tout le
genre humain.

J'ose donc, comme homme, me rendre
à leur invitation; comme ami de l'homme,
je viens m'asseoir dans leur conseil et dé-
libérer avec eux ; comme Français, je
viens leur exposer mes opinions avec la
franchise qui convient à un être libre. Ils
décideront dans leur sagesse si elles peuvent ou non, être de quelque poids dans
la balance.

Ne tracer, pour ainsi dire, qu'une es-
quisse, et la rendre publique, c'est leur
annoncer assez que mon intention n'a pas
été d'entrer en lice, et que mes vues ne
se sont point portées vers la palme qu'ils
auront à décerner. Croyant leur question
insoluble à nos simples théories connues,
croyant que la solution qu'on en pourroit
donner seroit impossible à justifier dans
la pratique, sans l'entier renouvellement

de celui qui voudroit se charger de la mettre en exécution, je ne l'ai pas traitée dans le sens qu'ils auroient eu lieu de l'attendre, pour m'admettre au nombre des concurrens. Enfin, pour remplir même entièrement mon objet selon le plan que leur question a fait naître dans mon esprit, je n'ai pas eu à moi l'espace de tems que ce plan auroit demandé, n'ayant eu l'occasion de m'en occuper que depuis un petit nombre de jours. Mais si j'avois été assez heureux pour répandre dans leur pensée quelques clartés sur la difficulté de traiter leur importante question, et que ces clartés pussent influer en quelque chose sur la félicité de ma patrie, je me croirois délicieusement récompensé de mon travail.

RÉFLEXIONS
D'UN OBSERVATEUR

SUR

LA QUESTION:

*Quelles sont les institutions les plus propres
à fonder la morale d'un peuple ?*

Tu , quid ego , et populus mecum desideret , audi.
Horace: Art poétique , vers 153.

MONTESQUIEU a dit : Les lois , dans la
signification la plus étendue , sont les rapports
nécessaires qui dérivent de la nature des choses;
et dans ce sens , tous les êtres ont leurs lois.

On peut dire , à son imitation : La science
dans sa signification la plus étendue , est la
connoissance et l'application de ces rapports
ou de ces lois.

Chaque science particulière embrasse ceux
de ces rapports ou de ces lois , qui sont de son
ressort. Ainsi les sciences ne sont que des
plantes diverses attachées toutes au même sol.

A 3

Les nombreux rapports qui lient l'homme, soit tacitement à la secrète raison des choses, soit naturellement à la grande famille humaine, soit civilement à une société politique, ne sont que les différentes branches d'un même arbre, et forment tous ensemble l'objet de la science de la morale.

Dans la question proposée, l'Institut, en embrassant le systême des institutions morales les plus propres à fonder la morale d'un peuple, a en vue particulièrement celles de ces institutions qui ont pour objet spécial la morale des citoyens, et semble ne pas fixer précisément ses regards sur les institutions civiles, politiques et religieuses, quoique dans les observations qu'il a fait publier, il avoue l'influence de toutes ces institutions sur la morale des peuples, et qu'il convienne même que c'est de ces institutions qu'elle dépend essentiellement.

Cependant s'il est vrai que les diverses branches de la morale ne forment qu'un seul arbre, comment seroit-il possible d'en envisager une isolément, et sans établir ses rapports avec les autres branches ? Nul instrument dans un concert ne peut remplir convenablement sa partie, si préalablement tous les autres instrumens et lui n'ont pas subi l'épreuve du même diapazon. Si donc le législateur, en s'occupant de la morale des citoyens, n'a pas l'attention ou les connoissances nécessaires pour aller la puiser dans sa source et la suivre dans tous les canaux par où elle doit passer avant d'arriver jusque dans le sein des peuples, il court risque de la voir bientôt s'altérer et périr entre ses mains, par l'influence ou trop forte ou trop foible de ces autres institutions qu'il a dédaigné d'examiner; car éluder une loi ne seroit pas la dissoudre, et elle ne cesseroit pas pour cela de revendiquer ses droits.

Or avant d'établir la morale des citoyens, et de déterminer les moyens de mettre les mœurs en harmonie avec l'intérêt public, on ne peut nier qu'il n'y ait pour le législateur plusieurs ordres de morales à considérer, puisque s'il y a des doctrines religieuses, des doctrines sociales et des doctrines politiques, il faut qu'il y ait par conséquent dans l'homme plusieurs sortes de *moralités*, ou plusieurs voies ouvertes en lui pour y donner accès aux vives sources de la morale, pour les goûter dans toute leur efficacité, pour les voir dans leur subdivision et enfin pour les réaliser.

En effet par cela seul que l'homme, en prenant place parmi les êtres, sent en lui le besoin de se rendre compte de ce phénomène de l'existence des choses, et de chercher une grande solution au grand problème de sa propre existence, il se démontre à lui-même qu'il doit y avoir des rapports quelconque entre lui et ce qui n'est pas lui, entre lui et cette source des choses sur laquelle il porte avidement ses regards, et que son instinct l'engage naturellement à interroger.

Ce travail de l'esprit de l'homme se termine toujours par un résultat moral, de quelque nature que soit ce résultat.

Le philosophe observateur qui donne à cette source cachée le nom de raison primitive, l'admire lors même qu'il ne peut pas percer dans ses profondeurs. Sa fierté ne s'oppose pas à ce qu'il éprouve quelquefois un sublime intérêt pour elle; et si, dans certains momens, il est tenté de lui reprocher quelques injustices, ses murmures ne sont que l'expression de sa *moralité* irritée.

Le croyant, qui pense avoir le mot de l'énigme, qui donne à cette raison primitive le nom de Divinité, et qui ne voit en elle qu'une source inépuisable de bienfaits et de félicités, lui rend l'hommage et le tribut de toutes les *moralités* qui sont en lui.

L'athée lui-même, en ne la nommant que du nom de fatalité, et en se résignant le mieux qu'il peut à cette force aveugle, confirme tous ces principes, puisque si dans lui la nécessité de se résigner est du ressort de son jugement, sa résignation est du ressort de sa *moralité*.

L'examen de nos rapports avec ce point de mire de toutes nos moralités semble donc, en contemplant les diverses classes de doctrine religieuse, sociale et politique, devoir précéder toutes les opérations du législateur qui a besoin de ne partir que d'un point fixe, puisque dans toutes les relations progressives de notre existence, cette sorte de relation qui nous attire vers un système divin quel qu'il soit, se trouve nécessairement la première.

La seconde de nos relations appartient à la classe de la doctrine sociale, soit que nous regardions l'homme comme étant lié à toute la famille humaine, soit que nous le regardions comme étant attaché à sa famille particulière, parce que dans l'une et l'autre hypothèse il a également à recevoir et à répandre des témoignages et des fruits de sa moralité. Ce code de la doctrine sociale qui doit former aussi une partie des lumières du législateur, ne devroit être que le développement diversifié du code de la doctrine divine, et ne peut recevoir que de lui toute sa force et toute sa beauté. Aussi suppose-t-il celui-ci préalablement et solidement établi.

La troisième de nos relations appartient à la classe de la doctrine politique dans laquelle les besoins journaliers de la chose publique, et tous les dangers intérieurs et extérieurs qui la menacent, mettent sans cesse les gouvernans comme les gouvernés dans le cas de développer des forces morales, dont tous les moyens physiques qui s'emploient ne sont que les signes et les instrumens.

Cette troisième classe de nos relations est peut-être la plus embarrassante de toutes à fixer et à régulariser, vû la variété des élémens dont elle se compose, et vû la difficulté d'y faire entrer l'ingrédient qui lui seroit le plus nécessaire, c'est-à-dire, l'esprit de la doctrine sociale qui la précède. Le législateur à qui il importe de connoître cette troisième classe de nos relations, la portera donc plus ou moins près de la perfection, selon qu'il la tiendra plus ou moins loin de cette doctrine sociale; comme il ordonnera plus ou moins bien ce code de la doctrine sociale , selon qu'il la rapprochera plus ou moins de la doctrine divine.

Ce n'est qu'après ces trois ordres de nos relations morales que se présente la classe de nos relations morales de citoyen , qui fait l'objet de la question. Car avant de chercher à nous former comme citoyens , il faut qu'il y ait une patrie ; avant de chercher à former la patrie ou la chose publique , il faut qu'il y ait une famille humaine considérée soit universellement , soit partiellement, et avant de chercher à régler cette famille humaine considérée, soit universellement , soit partiellement , il faut que nous ayons résolu le problême de l'homme considéré dans ses rapports avec la base fondamentable des choses.

Peut-être l'Institut auroit-il hésité quelques momens à proposer la question dont il s'agit, s'il avoit observé que la doctrine politique devant être antérieure à celle des citoyens , elle est censée devoir en être comme la mère. Ainsi loin que ce soit à la chose publique à attendre des citoyens la manière dont elle a à procéder pour fonder la morale du peuple, ce seroit au contraire au peuple à recevoir sur cela, toutes ses instructions de la part de la chose publique, regardée comme devant être établie dans ses justes et véritables mesures.

Or qui ne sait dans quelle pénurie de lumières positives nous sommes encore sur cette troisième classe de doctrine, ou sur la doctrine politique qui devroit renfermer, non-seulement l'origine et la fondation des sociétés, mais tout ce qui a rapport à leur soutien et à leur conservation ?

Pourrions - nous, à la rigueur, nous dire plus avancés, soit par rapport à la classe de la doctrine sociale, soit par rapport à la classe de la doctrine divine ? Et à quelles difficultés ne se trouve - t - on pas exposé, si, en voulant avancer dans la carrière, on laisse derrière soi tous ces obstacles?

Si à la série de ces diverses classes de doctrines que je viens de parcourir, on veut joindre la série des institutions qui y tiennent, on verra s'augmenter cette masse de difficultés, d'autant que presque par-tout la forme a été confondue avec le sujet qui nous occupe, et son vêtement avec ce qui constitue réellement son essence. Aussi l'opinion que je vais émettre en ce moment, quelque vraie qu'elle soit, paroîtra peut-être bizare. C'est que ce ne sont point les institutions qui devroient servir de fondement à la morale, mais au contraire c'est la morale qui devroit servir de fondement aux institutions ; et pour en donner des preuves, nous n'avons qu'à parcourir rapidement la série de nos classes de doctrines religieuses, sociales et politiques, en ne les séparant plus de leurs institutions correspondantes.

Toutes les institutions religieuses qui se sont montrées sur la terre, sont censées avoir eu pour but de nous transmettre la lumière divine elle-même, et de la faire briller dans l'esprit des hommes ; elles sont censées toutes avoir trouvé le meilleur moyen de la faire connoître, de la conserver dans sa splendeur, et d'unir par des liens solides, l'espèce humaine à la source d'où découle cette lumière divine ; elles sont censées enfin, n'être que l'expression sensible de cette doctrine divine qui par conséquent, étoit antérieure à leur existence. Ainsi c'étoit elle qui réellement étoit censée fonder ces institutions, et fixer les rapports qu'elles devoient avoir avec elle. Elle étoit présumée avoir prononcé ses desseins ; et les institutions ne paroissoient plus en être que la manifestation et le mode d'accomplissement.

Nous devons faire la même observation sur la classe de la doctrine sociale, dans les diverses institutions naturelles et domestiques que la grande famille humaine, ainsi que les familles particulières, ont pu établir. La doctrine sociale, qui ne devoit être qu'une extension et un écoulement de la doctrine divine, a dû être fixée antérieurement aux institutions qui avoient pour objet de lui servir d'enveloppe, de signe ou de rempart, et d'aider à maintenir les hommes dans le respect et l'exercice des moralités sociales, qui devoient être le lien et comme la vie de tous les individus de toutes les familles.

Enfin, nous en pouvons dire autant de la doctrine politique qui, reposant et dérivant de la doctrine sociale, comme la doctrine sociale repose et dérive de la doctrine divine, a dû également être déterminée avant de se montrer dans les diverses institutions que nous offre l'état politique des peuples.

S'il est donc vrai que dans chaque classe de doctrines, le code précède les institutions qui sont relatives à cette classe, il n'en peut être autrement des institutions relatives à la morale des citoyens ; et ici, comme dans tous les autres ordres que nous venons de parcourir, il faut que la morale théorique soit caractérisée, avant de fonder les institutions pratiques dont elle a besoin pour se propager et se conserver.

Ce seroit déjà, sans doute, pour le législateur, une terrible difficulté que de vouloir caractériser et constituer solidement le code de doctrine qui appartiendroit à chacune de ces classes, avant de passer à des institutions; et pour s'en convaincre, il suffiroit de fixer un moment, les divers enseignemens qui sont sortis de la pensée des hommes sur tous ces objets. On y verroit une variété si générale, pour ne pas dire une contrariété si inconciliable, qu'on seroit tenté de préférer, dans cette pénible situation, une ignorance absolue à une connoissance si désespérante.

Que l'on ouvre l'histoire des doctrines religieuses qui, selon qu'elles le prétendent, doivent avoir atteint le point de perfection en ce genre, et avoir uni, dans une sage et juste mesure, la lumière divine avec les seules et véritables institutions qui lui conviennent; que trouverons-nous dans nos recherches? Par toute la terre nous verrons les ministres des religions se disputer et se contredire sur tous les points relatifs à cette classe de la doctrine divine; nous les verrons exposer chacun des enseignemens différens sur cette base fondamentale que le philosophe appelle raison primitive, et que le croyant appelle Dieu : nous les verrons nous présenter chacun un récit sacré des desseins et des œuvres de cette Divinité suprême, des rapports plus ou moins étendus, que par notre nature nous devons avoir avec elle, et de l'objet qu'elle se proposa lorsqu'elle nous donna l'existence : nous les verrons tous s'arroger le privilège exclusif de la vérité, et cependant se trouver au dépourvu lorsqu'on sollicite auprès d'eux l'intelligence de toutes ces doctrines, et ne s'accorder que sur un seul point, qui est celui de nous renvoyer à une croyance aveugle à leur enseignement particulier, et de se retrancher derrière le mot désolant d'un impénétrable mystère; tandis que si tout leur enseignement ne peut subsister qu'autant qu'il demeure à jamais englouti dans les ténèbres, comment peuvent-ils être sûrs que leur mystère est plus juste et plus croyable que celui de leurs antagonistes ?

Ce sera bien pis si nous les interrogeons sur ces innombrables institutions religieuses que nous trouvons également établies sur la terre, à la suite de ces doctrines si divergentes et si obscures, et lorsque nous regarderons

l'embarras

l'embarras des ministres des religions quand ils veulent faire accorder, d'une manière satisfaisante, ces institutions avec ces énigmes qu'ils avouent ne pouvoir pas être entendues. Là il semble que plus cet embarras augmente, plus le ministre religieux fortifie sa croyance ténace à l'espèce d'institution qu'il a suivie, ou qu'il aura établie dans sa piété ; car je n'ai pas même besoin de recourir ici aux institutions qu'il auroit adoptées par des vues cupides, ou qu'il auroit établies par la fourberie et l'imposture.

Voici donc ce que nous allons rencontrer à tous nos pas, dans cette première classe de la morale. Dans toutes les doctrines religieuses : mystères qu'on nous déclare ne pouvoir jamais être accessibles. Dans les institutions : incohérence affligeante avec ces mystères. Dans le zèle à soutenir ces doctrines et ces institutions : aveuglement, animosité, et tous les désordres qui en sont les suites.

C'est bien alors qu'avec un besoin si urgent de voir clair dans ces abîmes, le législateur le plus intrépide ne pourra pas s'empêcher de perdre courage, quand il verra d'un côté l'importante tâche qu'il a à remplir, et de l'autre les épouvantables difficultés qui l'assiègent de toutes parts.

B

Il ne trouvera peut-être guères plus de faci-
lités quand il portera ses regards sur les doctrines sociales , puisque malgré les belles
théories dont les ouvrages des moralistes sont
remplis sur cette matière , on n'a pas encore
trouvé le moyen de les rendre actives et fixes
dans la famille sociale de l'homme, par des institutions qui soient à l'épreuve. Non-seulement
ces moralistes n'ont pas déterminé les institutions les plus propres à entretenir l'activité
des vertus et des moralités qui doivent être l'objet et l'aliment de l'association humaine , non
considérée encore comme politique , mais ils
sont encore incertains sur l'origine de ce premier dégré d'association. Le législateur ne
pourra pas apprendre d'eux s'il est vrai que
l'homme ait apporté avec lui sur la terre des
germes développés de sa sociabilité , ou s'il ne
les doit qu'à la lente expérience des siècles, et
ne les a puisés que dans les besoins de son
corps. Il ne pourra apprendre d'eux , en admettant la dernière hypothèse , comment il
aura pu passer de cet état animal et brute à
tous les charmes de la sociabilité simple , à la
douceur de la communication par le secours
des langues , et au développement de toutes
les merveilles que l'homme social , aidé de

l'homme, présente à notre admiration. Heureusement que cette espèce d'incertitude n'a pas les mêmes suites et ne fait pas les mêmes ravages que les ténèbres qui enveloppent les choses religieuses ; elle peut bien causer de la gêne aux desirs et à l'esprit du législateur, mais elle n'excite point son indignation.

Hélas ! il va se replonger dans l'abîme, lorsqu'il contemplera les doctrines qui concernent l'association humaine considérée comme politique, et la source de la puissance législative et souveraine des diverses nations de la terre, ainsi que toutes les institutions correspondantes, qui, malgré leur opposition mutuelle, et leur universelle discordance, prétendent cependant chacune avoir atteint la perfection, et avoir pour base et pour flambeau la justice et la vérité même. Ce n'est point assez qu'il se trouve tourmenté par l'énigme de l'origine du contrat d'association politique, et par le desir d'appercevoir les meilleures doctrines et les meilleures lois qui puissent convenir aux hommes sous cette forme d'association, qui n'est qu'une extension, et comme une crise de l'association simple et naturelle. Il le sera bien davantage encore quand il verra les publicistes eux-mêmes être si divisés dans leurs

opinions sur la meilleure forme de gouvernement qui appartienne à cette association
politique.

En effet ces doctrines politiques fondamen-
tales et si essentielles , ces maximes si tra-
vaillées par les publicistes , et qu'on ne devroit
cesser d'aprofondir encore , pour tâcher d'ap-
proprier l'association politique de l'homme à
son association naturelle qui en est la base ,
le législateur les trouvera presque par-tout
comme sacrifiées et comme effacées par cette
question : *De la meilleure forme de gouvernement.* Question qui seroit majeure et prédo-
minante , si l'on avoit soin de régler auparavant tous les antécédens qu'elle est censée renfermer en elle , mais qui devient secondaire et peu fructueuse quand on n'a pas
pris cette sage précaution. Et cependant c'est
devant cette question secondaire et mutilée
que disparoissent ces maximes si importantes,
sans laisser aucune trace qui puisse servir de
guide à l'œil de ce législateur , parce qu'elle
entraîne avec elle toutes les facultés et toutes
les puissances de l'association même , et que
les arrachant sans cesse à leur terrain naturel,
elle les fait dessécher et mourir sans produire
des fruits de leur espèce.

Ainsi donc, au lieu de cette lumière que le législateur recherche avec tant de soin dans les élémens de ces doctrines politiques , et qu'il se flattoit de voir réaliser dans les institutions ou les gouvernemens qui étoient censés devoir en être le signe, la langue et l'expression , il ne voit dans ces gouvernemens ou ces institutions qu'un gouffre où viennent s'engloutir et se dissoudre toutes ces doctrines ; il n'y voit qu'une influence absorbante par laquelle le fond du sujet s'affaisse continuellement sous le poids de la forme, et dans laquelle cette forme elle-même, en s'éloignant de son objet , n'a plus qu'une impulsion inverse de ce qu'elle devroit avoir , et ne promet plus que des démolitions et des ruines au lieu du superbe édifice qu'elle annonçoit.

On frissonne quand on pressent l'impression décourageante qu'éprouvera le législateur , s'il est honnête , au milieu de ce labyrinthe inextricable. Car à la vue de ces tristes exemples, et en observant l'universelle discordance de l'édifice avec sa base, dans toutes les classes des doctrines et des institutions religieuses , sociales et politiques , il ne pourra s'empêcher de dire dans sa douleur : Seroit-il donc vrai que par-tout l'exécution détruisît la règle, et

B 3

que les institutions ne fussent autre chose que
la mort et l'évaporation des principes ? Dès
qu'il aura laissé entrer en lui ce fâcheux pres-
sentiment, pourra-t-il s'en tenir là ? Ne sera-
t-il pas saisi de la même crainte quand il son-
gera qu'il est chargé de découvrir l'institution
la plus propre à fonder la morale des citoyens ?
Ne sera-t-il pas autorisé à redouter que cette
entreprise n'ait le même sort que tout ce qui
vient d'être l'objet de ses douloureuses observations ?

Ici nous oserons nous joindre à lui. Nous
déclarerons authentiquement que nous parta-
geons ses craintes. Et bien plus, ce qu'il ne
fait que redouter, nous le proclamerons hautement comme une triste vérité. Oui les institutions ont été presque par-tout l'anéantisse-
ment de la doctrine ou de la morale dans chaque
classe. La morale avoit par elle-même le pouvoir et l'intention de lier les hommes ; les
institutions n'en ont presque pas eu d'autre
que celui de les diviser. Voilà pourquoi j'ai
dit plus haut que ce n'étoit point aux institutions à fonder la morale, mais que c'étoit à la
morale à fonder les institutions et à leur fournir leur véritable soutien. Or, pour qu'elle
puisse remplir fructueusement une semblable

tâche, il faut qu'elle soit revêtue elle-même de toutes ces qualités éminentes et solidement établies, qui seroient censées s'être offertes au législateur dans les classes divines, sociales et politiques, qu'il a dû préalablement scruter et interroger avec le soin le plus scrupuleux; et pour que les moyens pratiques qu'il établira puissent seconder et fortifier la morale dans l'esprit des citoyens, il faut que cette morale, ainsi nourrie et perfectionnée, trace elle-même, dans la pensée du législateur, les institutions les plus avantageuses à son plan; sans quoi on peut affirmer que son œuvre n'aura qu'une durée éphémère, et ne produira que des effets désastreux.

Mais indépendamment de ces inconvéniens majeurs et de ces conditions générales indispensablement nécessaires, il se trouve des difficultés particulières dans la question qui nous occupe, et attachées à la manière indéterminée dont elle a été posée.

Les nations disséminées sur cette terre, y sont distinguées chacune par différens régimes politiques et par la diversité de leurs gouvernemens. Il faut sans doute qu'il y ait pour chacune de ces nations une morale qui allie et rapproche les citoyens de l'esprit public; il

faut aussi des institutions qui facilitent la pro-
pagation de cette morale , et qui en assurent
la conservation. Il faudra donc ici que le problême général se divise en autant de problêmes
particuliers qu'il y a de gouvernemens politiques différens. Ainsi , en ne parlant d'abord
que de la morale des citoyens , il y en aura
une pour les citoyens qui vivent sous un gouvernement monarchique , une pour les citoyens qui vivent sous un gouvernement aris-
tocratique , une pour les citoyens qui vivent
sous un gouvernement républicain , sans par-
ler ici des diverses nuances dont ces divers
gouvernemens sont susceptibles , selon leurs
élémens constitutifs , et qui toutes devroient
avoir aussi leur morale particulière.

Ce seroit donc réduire considérablement une
si vaste question que de la borner à la morale
qui conviendroit aux citoyens réunis sous la
forme du gouvernement républicain , comme
il y a tout lieu de croire que tel a été l'esprit du
programme. Car ce ne seroit point même assez
de considérer en général, dans chaque espèce
de gouvernement, l'espèce de morale qui convient aux citoyens , et les institutions qui con-
viendroient à cette morale ; il faudroit encore
parcourir en particulier les différentes ramifi-

cations de cette morale et de ces institutions
qui peuvent s'étendre dans les diverses parties
de l'administration de chacun de ces gouvernemens ; il faudroit suivre les divers esprits
qui s'introduisent dans chacune de ces ramifications, et qui chacun sollicitent une institution pour se propager ; il faudroit discerner,
dans cet océan d'obscurités, les sources pures
qui ont établi des institutions solides et salutaires à la chose publique, d'avec les sources
corrompues qui l'ont recouverte ou même qui
l'ont sacrifiée à leur perversité, et qui en con-
séquence n'ont pas manqué aussi de s'environ-
ner d'institutions analogues à leurs projets.

Nous pourrions même, dans nos recherches,
faire une remarque affligeante, mais qui vien-
droit à l'appui de nos principes ; c'est que
nous verrions dans tous les gouvernemens les
institutions se multiplier à mesure qu'ils se dé-
tériorent ; et par cette raison, nous pourrions
certifier que ce sont les gouvernemens les plus
gangrénés et les plus débiles, qui sont les
plus engorgés d'institutions ; comme la multiplicité des remèdes et des recettes qu'un malade entasse autour de lui, est l'indice de l'é-
tat périlleux où est sa santé. Aussi arrive-t-il,
par une suite de cette analogie, que cette mul-

titude d'institutions aggrave encore la situation critique du corps politique, comme les remèdes accumulés aggrave celle du malade ; que l'un et l'autre en retirent souvent des maux qu'ils n'avoient pas, au lieu de se guérir de céux qu'ils avoient, et qu'ils finissent par succomber à leur mauvais traitement et à leur régime contre nature : et dans ce genre, nous ne manquerions pas d'exemples assez frappans pour justifier ce que nous avançons.

Car si le gouvernement Chinois subsiste depuis tant de siècles, malgré la multiplicité de ses institutions, c'est qu'elles sont liées de tout tems et presque toutes, à cette classe de la morale sociale sur laquelle l'ordre politique devroit s'appuyer ; et c'est en cela que ce gouvernement si antique milite en faveur de nos principes, puisque, comme chez ce peuple, c'est la morale qui a fondé les institutions, les institutions, à leur tour, y ont conservé la morale.

Si, d'un autre côté, les Juifs subsistent, malgré la destruction de leur gouvernement, c'est qu'ils ont cru et qu'ils croient encore que les institutions qu'ils ont suivies, tant qu'ils ont été en corps de peuple, tenoient à cette classe de la morale divine qui repose sur les imprescriptibles rapports de l'homme avec la base nécessaire de l'existence des choses. Or dans l'ordre d'une croyance si impérieuse pour l'homme, attendu l'extrême besoin qui le presse, l'apparence de la réalité opère quelquefois des effets aussi puissans que la réalité elle-même. Ainsi, sous ce point de vue, de pareilles institutions doivent avoir une telle force qu'elles survivent même à la corporation qui leur sert de siège et d'organe de manifestation, et qu'elles demeurent en esprit dans la pensée des membres épars de l'association, lors même que le gouvernement politique n'existe plus ; et ces deux solutions suffisent pour aider à se rendre compte des phénomènes que tant d'autres peuples pourroient présenter à l'observateur.

Mais, sans nous jeter dans d'autres perquisitions, prenons la question dans le sens où probablement l'Institut l'a proposée, et ne la considérons que relativement au gouvernement républicain. L'Institut n'aura pas oublié néanmoins que, dans un gouvernement quelconque, la morale des citoyens ne consiste pas dans une seule espèce de moralité : ainsi, en ne s'occupant que de la partie de la morale des citoyens qui pourroit consolider l'es-

prit public, c'est-à-dire, favoriser le maintien
de la forme républicaine du gouvernement,
il n'auroit pas cependant écarté par-là les
questions qui resteroient à faire sur les autres
ramifications de la morale des citoyens, qui
doivent entrer aussi dans la nature et l'essence
de cet esprit public, pour qu'il ait de la con-
sistance et qu'il soit durable ; car cette forme
de gouvernement républicain embrasse, comme toutes les autres formes de gouvernement
quelconque , une multitude de moralités diverses qui composent nécessairement l'ensemble de son existence , considérée soit dans
son régime public soit dans son régime privé.
Et comme les citoyens sont liés tous à quelqu'une de ces branches, il seroit indispensa-
ble de fixer la morale particulière relative à
chacune de ces branches partielles , ainsi que
les institutions correspondantes qu'elles sup-
poseroient, afin que l'esprit public, en s'éle-
vant sur ces bases nombreuses , ne fût pas
exposé à chanceler si elles n'étoient pas solidement établies elles-mêmes.

Ces bases nombreuses de la morale privée
ou publique des citoyens, se réduisent, il est
vrai, à trois principales que l'on peut dési-
gner sous le nom de la morale individuelle,

de la morale domestique et de la morale civique. Mais ici nous allons voir de nouveau,
nos principes fondamentaux réclamer leurs
droits : nous allons voir nos trois classes pri-
mitives de morale divine, de morale sociale et
de morale politique se présenter pour servir
de modèle, ou plutôt ponr fournir la sève
à ces trois branches nouvelles de la morale individuelle, de la morale domestique et de la
morale civique, et leur indiquer le moule dans
lequel elles doivent se former ; c'est-à-dire que
la morale publique ou privée dont se doit
composer la morale des citoyens, ne peut être
régulière et solide qu'autant qu'elle est elle-
même nourrie et comme entée sur les racines
profondes et inébranlables que nous avons po-
sées précédemment, et que nous avons vu
remonter jusqu'à la raison souveraine de l'existence des choses, et cela antérieurement à toute
institution et par conséquent à toute forme
quelconque de gouvernement ; car enfin ces
principes fondamentaux ne devant être eux-
mêmes que l'expression de cette raison souveraine des choses, et cette raison souveraine
des choses embrassant tout dans son univer-
salité, toute production, toute ramification
de l'arbre moral qui ne seroit pas liée à ces

bases et qui ne porteroit pas leur empreinte, seroit évidemment une production irrégulière.

Mais il s'agit ici d'allier toutes ces abstractions à un ordre sensible, et de trouver les institutions qui leur servent d'intermède pour les unir au gouvernement républicain, afin qu'il puisse y trouver son soutien et sa force. Car si toutes les ramifications de l'arbre moral, à quelque dégré qu'elles s'étendent, doivent toujours rester sous l'égide et l'influence de ces principes supérieurs et de la raison souveraine des choses, la forme du gouvernement républicain, doit être aussi une de ces ramifications ; et comme telle, elle ne doit pas se soustraire à cette loi.

Mais en même-tems, c'est ici le pas le plus important que le législateur ait à faire ; car en donnant, comme français, mon adhésion et mon vœu à la forme républicaine de notre gouvernement, il n'en est pas moins vrai que, de toutes les branches qui peuvent sortir de l'arbre moral, une forme de gouvernement quelconque est ce qu'il y a de plus éloigné de la racine, et par conséquent ce qui exige le plus la surveillance, pour que tout puisse arriver pur de la racine à cette branche. Ainsi la forme de notre gouvernement républicain étant, comme toutes les autres formes de gouvernement, ce qu'il y a de plus distant de la racine de l'arbre moral, c'est à ce législateur à examiner si, entre ses mains, tous ces principes supérieurs, généraux et particuliers vont trouver ou non, dans la forme du gouvernement adoptée, un cadre de leur mesure et dans lequel ils puissent développer tous leurs avantages. C'est à lui de juger si, par son défaut de moyens, ces principes, au lieu de s'y manifester d'une manière active et utile, ne s'y trouveront pas comme absorbés par les ornemens extérieurs, et si le tableau ne sera pas sacrifié à la bordure. Enfin, ce sera à lui à les employer de manière à ce qu'ils ne contrarient point cette forme de gouvernement, mais aussi à ce qu'en venant s'allier avec elle pour la vivifier, ils ne perdent rien de la dignité qui leur est propre et des égards qui leur appartiennent.

C'est sans doute dans la question présente un objet essentiel, quoique difficile à atteindre, que le point où le législateur doit s'arrêter pour ne pas violer la liberté naturelle des citoyens, ne point gêner l'essor de l'esprit, et ne point arrêter le développement de la perfectibilité humaine; mais l'objet

premier que nous présentons ici à la surveillance du législateur, n'est ni moins essentiel, ni moins enveloppé de difficultés, et
même si le législateur est prudent et de bonne-
foi, il conviendra que ces deux objets sont
tellement liés, que c'est de cet objet premier
et supérieur, que le second attend son succès.

Ainsi, avant de chercher à lier la morale
des citoyens à la chose publique, ou à la
forme du gouvernement adoptée aujourd'hui
par la France, et même avant de chercher
les institutions les plus propres à fonder la
morale des citoyens, le législateur a donc
un premier pas à faire ; et ce pas, c'est de
se confronter lui-même avec toutes ces classes
de morales, soit générales, soit particulières,
que nous venons de lui présenter ; c'est de
voir s'il a eu soin d'asseoir solidement et
sur les bases les plus intimes de son être,
cette même morale et ces mêmes principes
fondamentaux dont le gouvernement qu'il
administre ne doit être que le réceptacle et
le résultat mis en action.

S'il se trouve rempli de semblables dis-
positions ; si sa conscience épurée et éclairée
lui assure qu'il ne veut et ne peut que procurer

curer le bonheur du peuple, en marchant sur
de pareilles traces, il peut s'avancer avec
confiance ; il n'aura pas même à aller bien
loin pour trouver quelles sont les institutions
les plus propres à fonder la morale des citoyens ; car alors ces institutions seront peut-
être plus faciles à rencontrer que l'on ne seroit
porté communément à le croire, comme nous
voyons que les meilleures et les plus saines
de nos pensées sont celles aussi qui appellent
et enfantent le plus aisément l'expression et
la couleur qui leur est propre, pour opérer
des effets qui soient salutaires. Oui, si par
sa réflexion et par son courage, il a le bonheur de se rendre comme l'organe et le canal
de ces principes supérieurs, et de ces bases
de toutes les espèces de moralités, il est plus
que probable qu'il découvrira facilement les
institutions qui leur seront analogues, et dont
il aura besoin pour alimenter la morale des
citoyens, et seconder la prospérité du gouvernement.

S'il ne commençoit pas par prendre ces sages
précautions, s'il envisageoit légèrement et
sans soin tous ces objets fondamentaux, ainsi
que la liaison qu'ils doivent avoir avec la
chose publique, enfin s'il faisoit abstraction

C

de toutes ces bases , et qu'il prît exclusivement la forme de son gouvernement comme
le point de mire de toutes ses combinaisons ,
sans doute il trouveroit aisément encore des
institutions qui pourroient concourir à ce
plan isolé, mais qui feroient peu pour la
prospérité de l'état. Car , en ne considérant
que les différentes formes des gouvernemens,
les institutions qui se bornent là se trouvent
par-tout ; elles sont presque par-tout les
mêmes , elles ne diffèrent dans les divers
gouvernemens que par des nuances très-rap-
prochées , et ne se distinguent, la plupart du
tems, que par des dénominations. Mais aussi
quels fruits ont-elles produits? et ne sommes
nous pas fondés à nous en défier , en voyant
que quoiqu'elles soient si prônées et si ré-
pandues , on nous demande cependant encore
d'en chercher qui soient plus efficaces ; ce qui
est convenir tacitement de la débilité de toutes
celles qui nous sont connues ?

Je vais plus loin. Si indépendamment de
cette manière bornée de considérer sa mission , le législateur n'apportoit dans son administration que des vues bizarres , fantas-
ques , disons même si l'on veut, barbares et
atroces , il trouveroit encore à volonté , sous

sa main, des institutions qui les appuyeroient; ce qui se confirmeroit aisément par tous les témoignages de l'histoire, où nous verrions que, parmi le nombre d'imbéciles ou de monstres qui ont régi les nations, il en est peu qui n'aient su créer et consacrer, au moins pour un tems, des institutions ou des moyens d'identifier leurs caprices et leur scélératesse, avec la forme de leur gouvernement.

L'histoire nous diroit également que si le législateur ne surveille pas avec une attention continuelle les institutions qu'il peut trouver déjà établies, les meilleures d'entre elles pourront s'affoiblir entre ses mains, au point que ni lui, ni ses successeurs n'aient plus la force d'en empêcher l'altération et la destruction; que s'il avoit l'art de les maintenir dans leur intégrité, sa mission deviendroit aussi simple que salutaire; que par conséquent le respect pour les anciennes institutions, quand il auroit le bonheur d'en trouver de bonnes, et la seule attention de les redresser quand elles seroient défectueuses, devroient être le premier soin du législateur; que par là il procureroit sûrement à la chose publique un plus grand bien qu'en la chargeant précipitamment d'institutions

C 2

nouvelles, qui la pourroient gêner dans ses mouvemens et lui donner une marche embarrassée; qu'enfin les amputations complettes ne devroient se faire qu'à la dernière extrémité, et que quand les institutions seroient évidemment reconnues vicieuses et gangrénées; que, faute de ces sages précautions, nombre d'institutions sur la terre, après avoir eu une aurore enchanteresse, et même après avoir marqué une partie de leur cours par des services réels et par des bienfaits, ont fini par avoir un déclin des plus orageux et des plus funestes aux nations qui en ont été et qui en sont encore les victimes.

D'après cet ensemble d'observations, pourrois-je croire avoir satisfait à la question proposée, et avoir rendu un service essentiel à la chose publique, quand je peindrois ici les divers moyens ou les diverses institutions qui seroient les plus propres à fonder la morale d'un peuple, tandis que ces moyens se trouvent journellement et universellement dans les mains du législateur; tandis que l'histoire politique des nations déroule sans cesse devant lui le tableau des diverses méthodes administratives, législatives et autres, dont chaque gouvernement s'est servi, selon les tems

et les occurences ; enfin tandis que ces secrets,
pour la plupart empyriques, se bornent à une
liste très-limitée et toujours la même, dans laquelle le législateur est comme circonscrit, et
qui malheureusement lui promet sans cesse le
spécifique qu'il desire, sans qu'elle ait encore
pu le lui indiquer ?

En effet, qui ne connoît ces moyens si com-
muns et en même-tems si usés, que l'on voit
journellement se succéder par toute la terre,
dans les mains du législateur ? Sera-ce lui apprendre quelque chose de nouveau que de lui
conseiller d'employer, selon les circonstances, les fêtes publiques, les jeux, la magie
des noms, les signes, les décorations, les
éloges, les récompenses soit honorifiques soit
pécuniaires, les punitions, les destitutions,
les marques d'infamie, enfin tous ces moyens
qui sont continuellement sous ses yeux, et
qui sont en vigueur dans les différentes branches administratives du gouvernement ? Ne
sait-il pas que les peuples étant presque tous
comme des enfans dans la main de leurs gouvernans, le législateur est toujours à leur égard
comme un régent à l'égard de ses élèves, et
qu'il peut influencer sa classe à son gré, avec
des images et une férule ?

C 3

Oui, le législateur sait parfaitement toutes ces choses. Non-seulement il les sait aussi bien que les observateurs oisifs, mais il a sur eux, vu l'activité des circonstances et du mouvement où il est placé, l'avantage de pouvoir obtenir, en ce genre, une expérience journalière et une industrie d'administration pratique plus puissantes et plus décisives que ne le seroient toutes les théories. C'est pour cela qu'on a vu, presque par-tout, le législateur ambitieux faire un usage utile à ses desseins de tous ces stimulans extérieurs qui tiennent l'homme hors de lui-même, et le mettent à la discrétion de celui qui le gouverne. C'est pour cela aussi qu'on a vu, presque par-tout, cet adroit législateur faire de son gouvernement ce qu'il a voulu, en lui laissant même le nom de sa forme. Sans doute on doit oublier ici les manœuvres des despotes ; et se souvenir que c'est la morale d'un peuple libre qu'il s'agit de former ; qu'ainsi tous ces hochets, s'ils peuvent encore quelquefois trouver place dans l'administration de la République française, ce doit être une place très-secondaire, et qu'ils ne doivent servir que comme d'organes à un moyen plus efficace.

Mais ce moyen plus efficace qu'il s'agit de

chercher, est précisément ce que je ne crois pas possible à découvrir, en s'en tenant aux routes battues. Voilà pourquoi j'ai cru devoir indiquer les sentiers qui me paroissent les seuls capables de conduire à cette haute découverte, sans avoir prétendu la révéler moi-même à des hommes qui ont en eux toutes les facultés nécessaires pour y parvenir, s'ils veulent peser mûrement les observations qui font l'objet de cet écrit.

Dans celles publiées par l'institut, on a parlé de l'institution pleine et entière du travail, comme pouvant être le grand régulateur des mœurs domestiques et le grand précepteur de la morale privée.

Je ne fais aucun doute que ce moyen ne tînt un rang distingué parmi tous ces ressorts particuliers dont nous venons de faire l'énumération, et que, comme tel, il ne fût propre à produire d'excellens effets.

Mais premièrement, ce moyen devant être celui de tous les gouvernemens quelconque, si l'on veut qu'ils approchent de la perfection autant qu'il est possible, il y a peu de motifs d'en faire de préférence le mobile de la morale des citoyens républicains, si ce n'est que comme tels, ils doivent être encore plus vertueux que les autres hommes. Car quelle est la forme de gouvernement où l'activité et le travail ne soient pas une chose recommandable ? S'il en est où l'état d'oisif ait eu ses admirateurs, l'opinion publique a toujours fait justice de ce vicieux système, en prônant encore plus hautement la vigilance des hommes laborieux. D'ailleurs ce n'est sûrement que par abus que l'inaction a été encensée dans différentes classes des associations humaines, et l'on ne pourroit s'empêcher de convenir, si l'on remontait à la source des sociétés politiques, que c'est par le travail de tous qu'elles ont commencé et qu'ainsi ce n'est que par le travail de tous qu'elles doivent et peuvent se soutenir.

Secondement, indiquer un semblable moyen, c'est plaider en faveur des principes que nous avons exposés ; car assurément s'il y a quelque chose d'important et d'utile dans toutes les classes de moralités que nous avons envisagées, c'est que l'activité et le travail universel en font essentiellement la base, puisque la vertu et la vérité étant vives et actives, ne peuvent donner leur sanction et leur appui qu'à ce qui est vif et actif comme elles. La seule différence c'est que dans cette classe qui est fondée sur l'ordre même, l'homme se porte au travail par goût autant que par besoin, et que le bien universel l'emporte dans lui sur son bien propre et particulier, au lieu que le travail recommandé par la simple politique n'a pas toujours la même issue.

Aussi, en admettant cet incontestable précepte de l'utilité du travail universel des citoyens, on sera bien loin encore d'avoir atteint le but ; car ce qu'il y aura de plus difficile sera de savoir comment on parviendra à mettre ce précepte en exécution ; comment le législateur obtiendra que l'homme tendant au repos comme tout ce qui respire, en vienne à préférer par goût le travail à la paresse; comment par goût le riche cessera d'acheter l'inaction avec son or ; comment le pauvre cessera de convoiter l'or pour en acheter l'inaction, et ainsi de mille autres difficultés dont la racine tenant de plus près à la constitution de l'homme que ce qui ne frappe que ses yeux, ne se résolvent pas avec une simple institution et la volonté du législateur. Ainsi ce précepte lui-même, tout salutaire qu'il est, a besoin d'être appuyé sur d'autres préceptes, pour pouvoir remplir son objet ; ainsi ce moyen, quoiqu'il soit puissant, a besoin d'être

appuyé par des moyens plus puissans encore
pour ne pas demeurer sans fruit.

Mais comment répandre ces autres préceptes?
Comment faire connoître ces moyens plus puissans , et les graver assez profondément dans
l'esprit des citoyens , pour en obtenir de solides effets , si ce n'est par l'enseignement et
l'instruction ? Oui, sans doute, des écoles civiques deviennent ici indispensables pour instruire les républicains de cette morale politique
qui leur est propre , ce qui entraîne toutefois
la nécessité de rendre ces écoles assez univer-
selles pour que les citoyens puissent en profiter
tous , et assez graduées pour que l'instruction
se proportionne , comme elle doit le faire ,
aux différens âges , aux différentes facultés
intellectuelles , et aux différens états civils qui
composent la masse politique de la nation ;
car s'il est vrai que la morale des citoyens
doit être une , considérée dans son objet et
dans son dernier résultat , cependant il est
vrai aussi qu'elle doit prendre différentes
nuances suivant toutes les diversités que pré-
sentent les différentes parties du corps social.

Je ne parle point ici des difficultés maté-
rielles et d'exécution pour de semblables établissemens, d'autant qu'ils ne dispenseroient

pas des autres espèces d'écoles déjà établies pour d'autres objets d'éducation et d'instruction. Ainsi le choix des localités, le tems que les séances déroberont aux travaux de tout genre, les frais pécuniaires offriront assez d'obstacles pour que je me dispense d'en faire l'énumération. Je me borne à la difficulté morale de rendre utiles ces nouvelles espèces d'écoles et d'établissemens; et après tout ce qui a été exposé précédemment, j'avouerai ne pas connoître un seul moyen de la résoudre, qui ne rentre dans la série de toutes les moralités antérieures que nous avons parcourues. Ainsi pour toute réponse, je serai obligé de répéter ici qu'en vain le législateur essayeroit de fonder solidement la morale des citoyens, et d'en assurer l'alliance d'une manière durable avec le gouvernement républicain, s'il n'étoit pas en état de la poser lui-même sur les bases exactes et éprouvées de la morale politique, de la morale sociale et de la morale divine; et si par conséquent, il n'avoit eu soin préalablement de se munir de toutes ces importantes connoissances, de manière à en devenir, pour son cercle, comme le juge, le pivot et le régulateur.

C'est donc dans lui seul que se peut trouver

la solution du problême, et non point dans des secrets externes qui ne pourroient cesser d'être fragiles et précaires, tant qu'ils ne seroient pas liés à un centre fixe. Il a vu presque par toute la terre les chefs des peuples parvenir, par leurs seules passions et leur volonté déréglée, à soumettre et dominer les nations, et à les plier sous leur main selon leur caprice. Pourquoi ne croiroit-il pas qu'avec une volonté sage, aidée de toutes les lumières qu'il pourroit recueillir dans ces vastes contrées morales où naît l'espèce humaine, et qu'elle a tant besoin de parcourir, il lui fût possible aussi de diriger les citoyens vers le but utile et salutaire qu'il se seroit proposé dans ses travaux et dans ses recherches, sur-tout s'il avoit eu le bonheur de s'élever assez pour devenir lui-même le modèle de ce qu'il desireroit enseigner et faire adopter à sa nation ? La première et la plus puissante des institutions, c'est l'exemple. Quel succès le législateur ne pourroit-il donc pas se promettre, s'il s'attachoit à devenir, pour ainsi dire, lui-même l'institution vivante de toutes ces fécondes et salutaires moralités si nécessaires aux hommes en général, et particulièrement aux républicains ? Et devroit-il croire qu'en fait d'exemples, la sagesse, la justice et la vérité eussent moins d'empire que la folie et le mensonge ? Mais en même-tems, qu'il ne se flatte pas de gouverner sagement et utilement la nation qui lui est confiée, s'il ne s'est pas muni de tous ces trésors. Un pilote courroit risque de mal conduire son vaisseau, s'il n'avoit pas fait auparavant son cours de navigation ; et les passagers ne pourroient, dans ce genre, lui procurer que de médiocres secours, puisqu'au contraire c'est de lui seul qu'ils attendent ce qui doit contribuer à la sûreté de leur voyage. Tout ce qu'ils peuvent et doivent faire, c'est de le seconder de leur personne contre l'ennemi, en cas d'attaque, et de sacrifier tout ce qu'ils possèdent de plus précieux, en cas d'orage, pour alléger et favoriser la marche du vaisseau; mais c'est au pilote à diriger toute la manœuvre.

Oui, c'est de son législateur qu'une nation doit tenir son perfectionnement, ses lumières et son repos. Tous les individus qui la composent ont des droits, chacun selon sa mesure, à cette nombreuse moisson de moralités qu'il est censé avoir recueillies ; et comme hommes, ils sont les premiers intéressés à se prêter à ses vues éclairées et bienfaisantes, d'où doit résulter pour eux le meilleur ordre de choses qu'ils puissent desirer. Il n'est placé au-dessus d'eux que pour servir d'organe à toutes ces richesses morales, divines, sociales, politiques et civiques qu'il est présumé mieux connoître qu'eux, et qu'il est, par cette raison, chargé de leur transmettre, comme étant les plus propres à assurer l'espèce de bonheur après lequel les nations languissent par toute la terre, sans même qu'elles y réfléchissent, parce que par-tout elles en ont besoin.

Quoique l'Institut national se croie fondé probablement, à attendre une réponse plus précise et plus adaptée à sa question, il n'en est pas moins vrai que c'est dans cette ligne étroite et rigoureuse que résidera toujours et exclusivement la solution qu'il a sollicitée, et que hors de là ce secret ne se trouvera nulle part. Ce n'est que par cette voie, dis-je, que le législateur pourra parvenir à planter dans l'ame, le cœur et l'esprit des républicains, le véritable arbre de la liberté, qui étant vivace par lui-même et se trouvant dans son terrain naturel, deviendroit ainsi le garant immortel de la durée de la patrie.

Hélas ! et moi aussi je desirerois bien voir instituer un enseignement public, qui con-

tribuât à éclairer l'esprit des citoyens ! Je desirerois bien voir établir des monumens et des
fêtes nationales, qui échauffassent leur ame !
Je desirerois bien voir former parmi eux des
institutions domestiques, qui conduisissent
toutes leurs facultés par la coutume ! Enfin
je desirerois bien voir ainsi la morale réellement fondée en eux, sur leurs connoissances,
sur leurs besoins et sur leurs habitudes ! Nul
charme n'égaleroit celui que j'éprouverois si
j'étois témoin d'un pareil spectacle. Le plus
doux enthousiasme s'empareroit de moi,
si je voyois ainsi ouvrir à mes concitoyens
tous les sentiers qui pourroient les rapprocher
du bonheur et de la vertu. Mais en même-
tems, au milieu de toutes ces joies, qui ne
sont encore qu'en perspective, devrois-je me
défendre de quelqu'inquiétude, tant que le législateur n'auroit pas parcouru lui-même tout
le cercle que nous avons présenté à ses yeux,
et tant qu'il n'auroit pas en sa possession tous
ces avantages sur lesquels seuls peuvent repo-
ser en paix toutes nos espérances ?

Si on me demandoit enfin comment le législateur lui-même pourra atteindre à ce point
de sublimité, que j'annonce comme indispen-
sable pour l'administration des peuples, et

pour mettre en harmonie la morale des citoyens avec l'esprit de la chose publique,
quelle seroit la réponse que je pourrois faire?
Il y a déjà tant de difficultés à appercevoir
les moyens de régénérer les citoyens ou la
classe passive, qui par nature et par besoin
apporteroit plus d'acquiescement que d'opposition à un perfectionnement dont elle reti-
reroit tant d'avantages ! Comment se flatte-
roit-on donc d'opérer plus aisément sur le
législateur ou sur la classe active, qui, par
état, énivrée de toutes les séductions, et ayant
en main tous les moyens d'exercer à son gré
la flatteuse magie du pouvoir, est supposée
devoir apporter plus d'opposition que d'acquiescement à sa régénération personnelle !
Sa volonté seule, bien dirigée, opéreroit
mieux ce prodige que toutes les réflexions des
citoyens ; or c'est là la véritable propriété de
l'homme, sur laquelle personne, autre que
le propriétaire, n'a aucun droit ; et d'ailleurs
si les malades pouvoient guérir le médecin,
ils n'auroient pas besoin de lui, attendu qu'ils
sauroient alors ce qu'il faudroit faire pour se
guérir eux-mêmes.

Il me seroit donc impossible de sortir de
ce cercle borné où cette nouvelle question me
resserroit,

resserreroit, puisque si c'est au législateur à
communiquer à sa nation l'esprit de vie, et
s'il faut auparavant qu'il en soit imprégné
lui-même ; comment en deviendroit-il imprégné lui-même, s'il ne sentoit pas en lui le
desir et la force de pénétrer jusques dans les
sources où ce feu réside ? Et comment se sen-
tiroit-il cette force et ce desir, s'il ne commençoit pas par éloigner du foyer qui doit
recevoir cette étincelle, toutes les substances
étrangères, qui, quand même elle se présen-
teroit, l'empêcheroient de s'enflammer ? Si
cet esprit de vie ne germe point dans les spé-
culations froides des observateurs, il germeroit encore moins dans les mains du législateur si elles n'étoient pas pures. Si elles l'é-
toient, il y germeroit naturellement, et com-
muniqueroit sa chaleur à toutes les institutions que le législateur voudroit établir. C'est
alors que ces institutions seroient vraiment
profitables, et qu'on ne pourroit trop en re-
commander l'usage, puisqu'elles ne manquent
leur effet que parce qu'elles sont vuides et
dénuées de tous ces élémens antérieurs qui doivent en être la base essentielle et radicale.

La jouissance et la communication d'un
pareil trésor, tiendroient sans doute le premier

D

rang parmi les droits de l'homme et sur-tout parmi ceux du législateur, et c'est pour cela que les mortels se portent avec tant d'ardeur vers les postes élevés où ce feu sacré est censé résider ; mais, comme tous les droits, il se donne, il s'obtient, il se reçoit et ne s'usurpe point. Semblable au feu du soleil, qui est toujours prêt à répandre sa chaleur et sa lumière sur tous les êtres, il voudroit que tout, sans exception, fut vivifié, mais il ne permettra jamais qu'une autre main que la sienne puisse communiquer le mouvement et la vie à un seul atôme, et il livre à la corruption et à la mort tous les fruits qui ne sont pas engendrés par lui.

Joignant donc ce nouveau motif à tous ceux que j'ai présentés dans cet écrit, on verra encore plus clairement pourquoi j'ai ramené la question proposée par l'Institut à des conditions si rigoureuses, et pourquoi j'ai moins cherché à la résoudre qu'à montrer les sentiers que je croyois être les seuls qui pussent diriger vers sa solution.

Aussi je laisse aux autres écrivains qui se présenteront au concours, à employer leurs efforts pour approcher plus près du but : je les laisse parcourir successivement tous les plans, toutes les institutions et toutes les recettes qui composent universellement la science de la législation et de l'administration : je les laisse les embellir des charmes de leur éloquence, se nourrir avec complaisance des douces perspectives que leurs bonnes intentions leur offriront comme faciles à réaliser, et jouir ainsi de cette illusion des belles ames qui a le pouvoir de les transporter dans la région du bien, sans leur permettre même de soupçonner l'intervalle qui les en sépare. Je ne doute point non plus que, parmi eux, il ne se trouve de nouveaux Pygmalions qui, sous leur ciseau, verront naître des chefs-d'œuvre ; qu'il n'y en ait aussi dans le nombre, qui, comme le Pygmalion de la Mythologie, seront épris eux-mêmes avec raison d'un vif attrait pour leur ouvrage, et exciteront assez l'admiration pour que de nombreux éloges viennent justifier leur enthousiasme : mais il ne leur sera pas plus facile qu'à ce célèbre artiste, de saisir le feu qui pourroit seul rendre leur statue vivante.

FIN.

29